Naiem Ahmadinejadfarsangi

Le ciel est gris ici

Naiem Ahmadinejadfarsangi

Le ciel est gris ici

Le ciel est gris ici

Éditions Muse

Cover image: www.ingimage.com

Publisher:
Éditions Muse
is a trademark of
International Book Market Service Ltd., member of OmniScriptum Publishing Group
17 Meldrum Street, Beau Bassin 71504, Mauritius
Printed at: see last page
ISBN: 978-620-2-29719-6

Le ciel est gris ici

Naiem Ahmadinejadfarsangi

Table des matières

La plus belle mer

Ce n'est pas encore fini

Le plus bel enfant:

Il n'a pas encore grandi

Nos plus beaux jours:

Nous n'avons pas encore vécu.

Et le plus beau mot que je veux vous dire

est le suivant:

C'est un mot que je n'ai pas encore dit ...

Si j'étais une star, je serais ton soleil

Éclairez votre vie et réchauffez votre cœur,

Gravez vos rêves de bonheur avec mille lumières,

Ne brillez pas comme quelqu'un d'autre à vos yeux.

Si j'étais une illusion, je serais un arc-en-ciel,

Pour réaliser vos rêves dans des millions

de couleurs,

Peignez votre visage et peignez sur votre

cœur,

Cette fleur rouge est un symbole de

l'amour éternel.

Si j'étais un parfum, je le sentirais,

Mordant et ennuyeux, avec une nature

délicate,

Il vous fait découvrir ces fragiles

souvenirs,

Rêves oubliés et vos désirs physiques.

Si j'étais une saison, je serais ton

printemps

Laisse la sève du bonheur couler de tes

veines,

Pour voir ton âme s'épanouir, voir dans

ton cœur,

Corrigez cette flamme et vivez avec

passion.

Si j'étais une fleur, je serais une orchidée,

Cette fleur est très fragile, délicate et

sauvage,

Ne pas ranger, faites-le à votre image,

Tout comme mon amour, je le veux juste.

Si je suis sourd, je veux être rouge,

Lisez mon amour le soir au coin du feu,

Tous deux couchés, chuchotant des mots

bleus,

Et, lentement, berceau, dors dans mes

bras.

Mais je suis juste moi .. tu m'aimes quand

même?

Je ne peux pas te donner tout ce que je

n'ai pas,

Je te donne juste mon amour ci-dessous.

Regardez-vous et dites ... "Je t'aime !!!"

J'écris pour dire que je suis dans une mauvaise situation

Décrivez ce qui me dérange

Je suis à blâmer

Parlez de ce qui m'attaque

J'écris quand les choses ne vont pas bien

Quand je dois avouer

Quand j'en ai besoin

Pleurer sur papier

J'écris quand ma vie semble enfer

Quand mon cœur pleure

Je ne sais pas quoi faire

Pour effacer la douleur

J'ai écrit sur ce qui m'a déçu

Sur tout ce qui a mal tourné dans ma vie

Je n'écris plus

Parce que je suis avec lui

Je t'aime en silence

Mais mon amour remplit tout

Je t'aime sans larmes et sans musique

Ce que j'aime, malgré tout, c'est la

douleur d'un vague amour

je t'aime tellement

Comme un oiseau, il aime son nid

Parce que le vent secoue le blé

Et ça souffle encore

Tout l'amour que tu as en moi

Donnez-moi la vie et la mort

La folie de t'aimer est amère

Mais je suis content de l'avoir transmis à

mon âme

Je t'aime avec la clarté du clair de lune

Ils s'aiment comme des roses la nuit

Alors je t'aime en silence

Avec des bonbons

Avec illusion

Avec douleur et souffrance

Et sans que tu le saches, mon amour

Je t'aime en silence

Mais mon amour remplit tout

Je t'aime sans larmes et sans musique

Ce que j'aime, malgré tout, c'est la

douleur d'un vague amour

je t'aime tellement

Comme un oiseau, il aime son nid

Parce que le vent secoue le blé

Et ça souffle encore

Tout l'amour que tu as en moi

Donnez-moi la vie et la mort

La folie de t'aimer est amère

Mais je suis content de l'avoir transmis à

mon âme

Je t'aime avec la clarté du clair de lune

Ils s'aiment comme des roses la nuit

Alors je t'aime en silence

Avec des bonbons

Avec illusion

Avec douleur et souffrance

Et sans que tu le saches, mon amour

Il écrit sur papier

Permet aux mots de s'échapper

Mots d'amour ou d'espoir

Quand il est seul dans le noir

Sur l'écran de ses pensées

Parfois, il se voit endormi

Et sa main décrit son âme

Par flamme

Il est comme l'hypnose

Par des bougies parfumées

Sa plume vole sur papier

Laissez son âme s'échapper ...

Il y a des jours

Où nous voulons écrire

Douleur ou amour

ressentir de la douleur

Mais l'interdiction

ne permettent pas

Laisse comme ça

Mal parfois

Articles censurés

La feuille reste

Pour l'éternité

Laissez les âmes veulent

Invisible

Laissez l'excitation couler

Tourments très sensibles

Restez dans les profondeurs

Pris dans le chagrin

Une peur incroyable

Jours de dépression

Où nous supprimons

Deuil gris

D'innombrables pensées

Jours de douleur

Où tout se meurt

Souffrance sévère

Passer du temps

Jours tristes

Où nous nichons

Mal au cœur

Loin du bonheur

Jours de chagrin

Où pas tout ..

Alors que tout progresse

Les mots semblent impossibles

Les poèmes ont été censurés

Formules sensibles ...

Alors que tout progresse

Le son n'atteint plus

Et l'écriture reste

Pour dire ces mots manquants ...

Quand la parole se fige

Sans que nous puissions le faire

Et ça nous fait mal

La réflexion est insérée ...

Rares sont ceux qui comprennent

Nous avons été pris pour acquis

Quand nos âmes deviennent sauvages

Pour arriver au bout ...

Alors que tout progresse

Le son n'atteint plus

Et il suffit d'écrire

Vous pouvez dire ces mots manquants ...

Après un avant-propos

Et les lignes manquent

Il a laissé une marque

De sa vie incompréhensible

Et les pages ont changé

Révélez beaucoup de mots

Encre sèche

Entre montagnes et ruisseaux

Images écrites

Tout au long du livre

Au fil des saisons

Les nuages ont été décrits

Mais le livre se meurt

Parce que les mots sont inutiles

Selon ses lecteurs

Cela semble très inutile

Je ne parlerai plus jamais

La taille d'une âme

Parce que je suis passionné de regret

Contre ce faux drame

Je ne parlerai plus jamais

Sans aucune distance

Ma boîte sera bien fermée

pour toujours

Quand les mauvais esprits me conseillent

Croyez-moi

Le mal me regarde

Pour bien me tuer

Je ne parlerai plus jamais

La taille d'une âme

Parce que je le gaspille

Pas d'autres armes

Merci pour les passages

Voler sur mes poèmes

Marcher entre les pages

D'une vie non conventionnelle

Merci pour tous ces yeux

Qui lit de mes vers

Je suis très triste ou très heureux

Entre Eden et enfer

Merci pour votre apparence

Entre plusieurs impressions

Je me cache dans le noir

Contre les réactions

Merci aux passagers

Et à partir de ces commentaires

Parce que ça fait des années

J'ai rougi comme hier

fumeur…

C'est impossible!

fumeur…

Mauvais pressentiment!

fumeur…

Un si long suicide!

fumeur…

Très mystérieux!

Les cigarettes sont toujours là

Entre regrets

Contrairement à ces amours

Qu'ils tuent pour toujours ...

La nicotine trompe l'âme

Comme "amant"

Flou de nombreux drames

Dans notre environnement ...

fumeur…

C'est impossible!

fumeur…

Mauvais pressentiment!

Pouvons-nous oublier l'existence que nous aimions tant?

Quelqu'un qui a donné sa vie pour toi ...

Pouvons-nous oublier les moments de

bonheur?

Et je rêve tous ces moments

Tous ces moments communs,

Absence, désir, amour et peur ...

Pouvons-nous oublier les moments de

souffrance?

Semaines détruites, cœurs brûlants, silence

Nuits solitaires, prières et rêves

Et voyez l'histoire qui se termine

aujourd'hui ...

Pouvons-nous oublier tout l'amour que

nous avons vécu?

Se sentir aimé

Les doutes et les chances de l'avenir sont

incertains

Et tout le désespoir, la haine et la douleur

...

Je n'oublierai jamais les plaisirs

découverts.

Nos nouveaux sentiments et notre

empathie

Mais il ... celui qui m'a blessé

Lui. Je les ai aimés,

Dois-je l'oublier, le nettoyer, l'éviter?

Pourquoi c'est toujours nécessaire

Ces histoires d'amour

Ça ne peut pas être fini

Comme on aime

Pourquoi nos rêves devraient-ils se

réaliser?

Même les plus petits

Arrêtez-vous comme un cavalier

Pas de vœux?

Pourquoi devrions-nous être désolés?

Quand dans nos vies

Nous n'avons plus de veine

D'autres amis?

Pourquoi devons-nous partir?

Avant de tout dire?

Pourquoi devons-nous nous séparer?

Cela a-t-il vraiment commencé avant cela?

Pourquoi devrions-nous nous permettre?

Quand on dit amour?

L'amour passe ou se rompt

C'est un grand sentiment d'anxiété ...

Prenez la bonne décision,

Après de longues délibérations ...

A décidé de quitter,

Ce n'est pas facile à dire ...

Ça te fait pleurer

Mais on efface les souvenirs ...

Mauvais pour une bonne chose,

Nous ne le savons pas ...

J'ai revu une larme,

Et une voix me chuchote

" Il était une fois…

Vous et moi… "

Et je me noie dans mes larmes,

Et la vie me désarme encore ...

Le ciel peut s'effondrer,

Je me laisse aller ...

Le temps passe vite, le temps n'a pas

d'importance,

Et c'est fini entre nous ...

Perte d'intellect

Dans le cœur des démons

Perte de passion

Entre les saisons

Fuite

Dans des souvenirs lointains

Sourire volant

Témoignage caché

Perte d'âme

En rotation grise

Perte de tourment

Du cœur de la vie

Doux

Loin des détails

Pas de promesses

Quand le mal opprime

Perte de bonheur

Quand l'espoir meurt

Perte de couleur

Elle pleure entre les noirs

Il y a des jours où je vis à nouveau

Des années d'évasion chaque nuit ...

Et le temps passe vite ...

Au cours des années

Je vais y rester et vérifier ...

Et le temps passe vite ...

Quand je vois les derniers jours

Les larmes veulent couler ...

Et le temps passe vite ...

Et ça me fait peur tous les jours

Je vois que ma vie est en déclin ...

Et le temps passe vite ...

Le monde enferme les gens

Au coeur de leurs tourments

En les par défaut

À l'égoïsme du temps

Société analphabète

Par son insulte

Pour le comportement des autres

Uniquement pour vos biens, les vôtres

Décadence sociale

De ce monde gelé

Cela tuera l'honnêteté

Et j'ai besoin d'aide

A vous tous égoïstes

Individualistes

La souffrance vous attend

Entre vos pirouettes

Pensez aux autres

Comme tous nos apôtres

Au coeur de ton enfer

Trois jours de réflexion

Tu te réveilles la nuit,

Sautez dans l'immersion,

A la disposition de ces problèmes ...

Questions ininterrompues

Mon esprit faible me poursuit,

Mes raisons sont très torturées,

Corrompre cette douce paix ...

Et c'est sans réponse

Que je ne dors toujours pas,

Au moment de quitter le vote est prononcé

Au cœur de ce décor sombre…

Les émotions disparaissent

Avec fréquence cardiaque

Sur une route calme

Cent kilomètres à l'heure ...

Et nous passons tous les deux

Dans le nombre de bonheur,

Des moments incroyables

La flamme de nos deux cœurs ...

Et à pleine vitesse,

Bonjour radars,

Nous brûlons avec sensibilité

Intégrer notre apparence ...

Love Highway,

Voilà comment nous l'obtenons

Bon et sans distance

Et pour la vie!

Amour et tendresse

Multiplié par deux

Embrasser et caresser

De deux amoureux

Comme c'est bon d'aimer

Vivre dans de tels moments

Quand tout est commun

Entre deux beaux amoureux

Et je l'aime et il m'aime

Quoi d'autre

Pour écrire de beaux poèmes

J'attends mon millième

Un amour commun

Sans demi-tour

C'est beau, ça t'endort

Je vis tous les jours

J'ai trouvé ma douce étoile

Sur le chemin de ma vie

Et le bonheur se révèle

Chaque seconde avec lui ...

La prunelle de ses yeux

Cela me réchauffe d'enthousiasme

Quand son regard aimable

Il véhicule beaucoup d'émotions ...

Ses mains sont des papillons

Aussi doux que la soie

Détendez toute la tension

Il s'est cassé dans la paume de ses mains ...

Et nos cœurs, main dans la main,

Amoureux et passionné

Progrès dans les itinéraires

Amour illimité ...

Comme vouloir partir

Vers un avenir meilleur

Comme le désir de fuir

Rien ne peut me retenir

Mon corps brûle de douleur

je veux être heureux

Mais quand viendra mon heure?

Laisse-moi aller ailleurs ..

Mais pourquoi s'embêter?

Dans cette vie plus humaine

La vie est pleine de possessions

Je ne veux plus de migraines ...

Je veux m'en aller

Obtenez à nouveau un esprit sain

Je veux vivre un matin

Sans aucun chagrin ...

Il n'y a pas de secrets

Pour arrêter le problème

Je dois quitter cette terre

Pour un monde meilleur ...

Une note pour ce poème?

Printed by Books on Demand GmbH, Norderstedt / Germany